藏老相册之一

大使——梅兰芳

秦华生 主编

知识产权出版社
全国百佳图书出版单位

图书在版编目（CIP）数据

文化大使——梅兰芳/秦华生主编．—北京：知识产权出版社，2015.1
ISBN 978-7-5130-3090-8

Ⅰ．①文… Ⅱ．①秦… Ⅲ．①梅兰芳（1894~1961）－生平事迹 Ⅳ．① K825.78

中国版本图书馆 CIP 数据核字（2014）第235948号

内容提要

梅兰芳是我国向海外传播京剧艺术的先驱者，他曾于1919年、1924年和1956年三次访问日本，1930年访问美国，1935年和1952年两次访问苏联，1953年赴朝鲜慰问演出。他在国外的演出，不仅增加了各国人民对中国文化艺术的了解，使我国京剧艺术赢得国际声誉，也给予外国戏剧以积极影响，而且结识了众多国际知名戏剧家、作家、画家、歌唱家、舞蹈家、电影艺术家等，同他们建立了诚挚的友谊。本书汇集了梅兰芳生前珍藏的、作为文化大使历次出国演出的数百幅老照片，适于广大社会公众阅读欣赏。

责任编辑：龙　文　　　　　　　　　　责任出版：刘译文
图片提供：梅兰芳纪念馆　　　　　　　封面设计：梅兰芳纪念馆

文化大使——梅兰芳
Wenhua Dashi——Mei Lanfang

秦华生　主编

出版发行：**知识产权出版社**有限责任公司　　网　　址：http://www.ipph.cn
社　　址：北京市海淀区马甸南村1号　　　　　邮　　编：100088
责编电话：010-82000860 转 8123　　　　　　责编邮箱：longwen@cnipr.com
发行电话：010-82000860 转 8101/8102　　　发行传真：010-82000893/82005070/82000270
印　　刷：北京科信印刷有限公司　　　　　　经　　销：各大网络书店、新华书店及相关专业书店
开　　本：720×1000　1/16　　　　　　　　印　　张：10
版　　次：2015 年 1 月第 1 版　　　　　　　印　　次：2015 年 1 月第 1 次印刷
字　　数：200 千字　　　　　　　　　　　　定　　价：50.00 元

ISBN 978-7-5130-3090-8

前　言

　　京剧大师梅兰芳在民国年间两次访日，1930年访美，1935年访苏，共四次出访演出，把中国戏曲的代表剧种京剧、昆曲表演展现在国际舞台上，影响巨大而深远。

　　仅就访苏期间梅兰芳的卓越贡献如下：

　　一、梅兰芳为访苏精心安排演出剧目，文戏、武戏及戏中舞蹈片段相结合，颇具思想性、艺术性与观赏性，演出产生轰动效应，在莫斯科和列宁格勒都加演数场。

　　为访问苏联，梅兰芳在总结1930年访美的经验基础上，精心准备了自己擅长表演的古装戏：《霸王别姬》《打渔杀家》《汾河湾》《金山寺》《刺虎》《佳期》《拷红》《虹霓关》《御碑亭》《樊江关》《宇宙锋》等，另有《天女散花》《木兰从军》《麻姑献寿》《红线盗盒》等戏曲舞蹈片段，还有随行人员演出动作性较强的折子戏，如《盗丹》《嫁妹》《夜奔》《盗仙草》《青石山》《梁红玉》等，文戏与武戏搭配，适宜苏联各阶层观众观赏，广受欢迎，原定在列宁格勒演出四场，后又加演四场。尤其在莫斯科加演一场，破例放在原规定只准演出歌剧和芭蕾的苏联国家剧院——莫斯科大剧院演出，剧目是《打渔杀家》《盗丹》《虹霓关》，盛况空前，包括高尔基在内的苏联文艺界知名人士，政治局大多数委员都到现场观看，反响热烈。

　　二、苏联评论界、艺术理论界对梅兰芳演出的评论与理论总结，丰富了梅兰芳表演体系的理性认知，对梅兰芳表演理论体系的建立，影响巨大而深远。

　　苏联文化界对梅兰芳一行的演出，反响强烈。报刊评论文章较多，主要评论归纳为三点："第一，戏剧表演动作象征性很强。《打渔杀家》这出戏就是最好、最受欢迎的戏，思想内容有革命精神。同时能以极少的物质（道具）、极少的时间，能表现很多动作和种种感情；第二，异性串演并不违背艺术原则；第三，歌、台、舞具有时间和空间性，就是说唱的音调、念的语气能和动的姿态打成一片。"

4月14日下午，苏联文化协会专门召开了由聂米罗维奇·丹钦科主持的座谈会，许多看过梅兰芳演出的苏联文艺界代表性人物，如斯坦尼斯拉夫斯基、梅耶荷德、泰伊洛夫、爱森斯坦等，以及当时正在苏联的欧洲艺术家戈登·克雷、布莱希特、皮斯卡托等都参加了会议，大多数都发了言，有的后来写了文章。梅耶荷德发言中说："我们还有很多人谈到所谓演出的节奏结构。但是，谁要是看过梅兰芳的表演，就会为这位天才的舞台大师，就会为他表演的巨大力量所折服。"爱森斯坦谈道："梅兰芳博士对我们最重要的启示之一，就是这种对形象和性格的令人惊异的掌握。""而中国戏剧所具有的那种杰出的生气和有机性，使它与其他戏剧那种机械化的、数学式的成分完全不同。"尤其是苏联著名作曲家和音乐教育家格涅欣提出："我觉得，如果把梅兰芳博士的中国戏剧的表演体系说成是象征主义的体系，那是最正确的。'程式化'这个词远不能表现出它的性质。因为程式性也许可能更易被接受，但它却不能表达情绪。而象征是体现一定内容的，它也能表达情绪。"

三、梅兰芳在演出之余及演出之后，专门考察苏联、欧洲戏剧，力图借鉴苏联、欧洲戏剧的优点，丰富自己的表演及中国戏曲。这种善于借鉴学习的态度与方法，值得总结与反思。

梅兰芳在苏联演出期间，专门观摩了各类剧场演出，如他曾在苏联观看歌剧《叶甫盖尼·奥涅金》《鲍里斯·戈东诺夫》，芭蕾舞剧《天鹅湖》《三个胖人》，话剧《樱桃园》《钟表匠和鸡》，以及木偶戏等。

此后，与熟悉西欧戏剧的余上沅一道，到欧洲波兰、德国、法国、瑞士、英国等国观摩戏剧演出。如在德国观看了歌剧《茶花女》、莎士比亚话剧《错中错》；在法国观看了小歌剧、歌舞剧、歌剧、话剧演出；在英国期间，在伦敦教学的熊式一教授接待了梅、余二人，并赠《萧伯纳戏剧全集》给梅兰芳，扉页题词为："畹华兄虚心不耻下问，对于泰西戏剧孜孜攻之，常百观不厌，在英下榻我处，今赠此册，暇中故可开卷揣摩也。"

四、在苏联召开的座谈会上，张彭春代表梅兰芳发言的"中国戏剧之三要点"值得进一步地解读、阐释与深思，这将对当今中国戏曲表演理论体系的建构，对戏曲的传承发展，都有现实意义与理论价值。

张彭春提出的"中国戏剧之三要点"：

第一点，西方戏剧与中国戏剧的隔阂是可以打破的。

第二点，中国戏剧的一切动作和音乐等，完全是姿势化。所谓姿势化，就是一切的动作和音乐等都有固定的方式。例如动作有动作的方式，音乐有音乐的方式，这种种的方式，可作为艺术上的字母，将各种不同的字母拼凑一起，就可成为一出戏。……但是中国戏的演员们，都不被这种字母所束缚，他依旧可以发挥他在艺术上的天才与创造。

第三点，中国（戏）未来之趋势，我认为必须现代化，并不一定是戏剧、本事的现代化，是要使剧中的心情和伦理成为现代化，他如背景与灯光也可使其成为姿势化，使其有固定的方式来表现剧中各个的情绪，这是中国戏剧今后可试验的途径。

五、梅兰芳的访苏演出，对苏联及欧洲戏剧界产生了一系列积极而深远的重要影响。

梅兰芳的访苏演出，震撼了苏联及欧洲戏剧界，使一批艺术大师级人物多次观看了完全不同于苏联及欧洲的舞台剧表现形式，给他们多方面的启发。例如，戏剧大师梅耶荷德承认："恰好现在我要重新排演我的旧作《聪明误》。我来到排演场时刚好看完梅兰芳的两三场戏。我当时感觉到，我应当把以前所做的全部推翻重来。……我们知道苏联戏剧的力量，可是，在看了中国戏剧杰出大师的表演之后，我们就会发现自己有很多缺陷。我曾经从各个方面研究过这个问题，因为我不仅是导演，还是教师，我必须对在我们学校学习的学生负责。"又如，泰伊洛夫认为："很有趣的一点是，我甚至把这点（指梅兰芳表演中的'程式化的表现因素'）运用到我国戏剧中来，而且运用到世界戏剧的发展中去。我谈的是我在梅兰芳剧团的演员身上看到的那种了不起的、巨大的凝聚精神。"再如，爱森斯坦觉得："中国戏剧使我们大开眼界，使得东方戏剧领域中的界限变得清晰了。"

当时在苏联观看梅兰芳表演的德国戏剧家皮斯卡托和布莱希特，更是深受影响。皮斯卡托认为："梅兰芳艺术的美将会成为人人的财富，就像斯坦尼斯拉夫斯基和梅耶荷德的艺术已经在苏联所取得的成果那样。" 1936年布莱希特发表《论中国戏曲与间离效果》："佐临同志说，布氏在那篇文章里'狂赞梅兰芳和我国戏曲艺术，兴奋地指出他多年来所朦胧追求而尚未达到的，在梅兰芳却已经发展到了极高的艺术境界。可以说，梅先生的精湛表演深深影响了布莱希特戏剧观的形成。至少起了画龙点睛的作用'"。

六、访苏游欧之后，对梅兰芳的创作演出与理论思考，也产生了一系列重要影响。

访苏游欧，是中苏、中欧戏剧文化的一次重要的艺术对话，给善于借鉴学习的梅兰芳多方面的启迪。他载誉回国之后，曾经在一次招待会上说过意味深长的体会："中西的戏剧是不相同，但是表演却可互相了解，艺术之可贵即在于此。所以'艺术是无国界的'这句话，诚非虚言。我希望不久将来有新的艺术产生，融汇中西艺术于一炉。"通过这次对话对比，梅大师对中国戏曲有更深入的认识，后来他提出了"移步不换形"的重要改革论点。

秦华生

二〇一四年十月

目　录

梅兰芳（1894—1961）

梅兰芳简介

梅兰芳先生（1894—1961）是我国戏曲艺术大师，杰出的京剧表演艺术家。他一生热爱祖国，热爱人民，把全部精力献给了京剧艺术事业。在半个多世纪的舞台实践中，他继承传统，勇于革新，一丝不苟，精益求精，将我国戏曲艺术的精华集于一身，创造了众多优美而令人难忘的艺术形象，积累了大量优秀剧目，发展并提高了京剧旦角的演唱和表演艺术，形成了具有独特风格、大家风范的艺术流派——梅派。

梅兰芳创造了多种性格鲜明的舞台艺术形象，体现了中国妇女各种美好的品德与个性，有的端庄淑静；有的英武豪放；有的娇憨活泼；有的聪慧机敏等等。他善于运用歌唱、念白、身段、舞蹈等技巧，把人物的心理状态刻画入微，融化在美的形象之中。因此，他在国内外一致被誉为伟大的演员和美的化身。

梅兰芳是我国向海外传播京剧艺术的先驱者。他曾于1919年、1924年和1956年三次访问日本，1930年访问美国，1935年和1952年两次访问苏联演出，获得盛誉。美国的南加利福尼亚大学和波摩那学院分别授予他荣誉文学博士学位。他在国外的演出，不仅增加了各国人民对中国文化艺术的了解，使我国京剧艺术赢得国际声誉，也给予外国戏剧以积极影响，而且结识了众多国际知名戏剧家、作家、画家、歌唱家、舞蹈家、电影艺术家等，同他们建立了诚挚的友谊。以梅兰芳为代表的中国戏曲表演艺术被认为是当今世界三大表演体系之一。

1949年梅兰芳应邀参加了第一届全国文学艺术工作者代表大会，第一届中国人民政治协商会议。中华人民共和国成立后，梅兰芳先后当选为全国人民代表大会代表、中国政协常委、中国文学艺术界联合会副主席和中国戏剧家协会副主席。先后担任中国戏曲研究院院长，中国京剧院院长，中国戏曲学院院长。1959年加入中国共产党。为祖国的文化艺术建设做出了多方面的贡献。

出访日本

　　1919 年，梅兰芳 26 岁时，应东京帝国剧场大仓男爵的邀请，偕夫人王明华率喜群社部分演员首次东渡扶桑，在东京、大阪和神户演出了《天女散花》《御碑亭》《贵妃醉酒》《黛玉葬花》《虹霓关》《嫦娥奔月》《春香闹学》《游园惊梦》和《琴挑》等戏。这是他作为艺术使者向海外传播中国的文化艺术之行。1923 年，日本遭到关东大地震的灾害，梅兰芳在北京主办了多场义演，捐献巨款赈灾。1924 年，东京帝国剧场修复，再次邀他赴日参加隆重的开幕式演出。他先后在东京、大阪和京都演出《红线盗盒》《贵妃醉酒》《虹霓关》《廉锦枫》、《麻姑献寿》《审头刺汤》《奇双会》《御碑亭》《黛玉葬花》和《洛神》，充分展示了他青衣、花旦、刀马旦等各个行当的表演艺术精华。日本观众和剧艺界对梅兰芳的多才多艺，钦佩之至。梅兰芳的名字遂在日本家喻户晓。

梅兰芳在日本

梅兰芳赴日时与夫人王明华在轮船上

梅兰芳在赴日的轮船上与夫人王明华（后中）、沈亮
超（前右一）、许伯明（前左一）等人合影

梅兰芳在日本

梅兰芳在轮船码头上接受日本记者采访

梅兰芳、齐如山、张彭春、姚玉芙、沈亮超等在日本

梅兰芳（中）与日本歌舞伎演员中村歌右卫门（五世）及其子合影

梅兰芳应大仓男爵之邀在帝国剧场的东洋轩食堂用餐后与部分人员合影。右起：泽村宗之助、梅兰芳、大仓喜八郎、尾上梅幸、姚玉芙、松本幸四郎（1919 年）

在日本东京演出时所摄，左起：姚玉芙、梅兰芳、许伯明、沈亮超、齐如山

梅兰芳一行参观东京第一绸缎杂货庄——著名的三越吴服店时合影。前排左起：沈亮超、姚玉芙、梅兰芳、齐如山。后排左起：笠原健一、仓知诚夫、村田乌江、许伯明、朝吹常吉（1919年）

梅兰芳抵日时受到日本演员欢迎，板西中将（右一）、村田嘉久子（右三）、大仓喜七郎（右四）

梅兰芳（前排左三）抵日后与齐如山（后排左四）、许伯明（后排左三）、姚
玉芙（前排左二）和日方欢迎人员

在日本东京山雨楼宴会，右起：王明华、梅兰芳、赵介卿、赵夫人

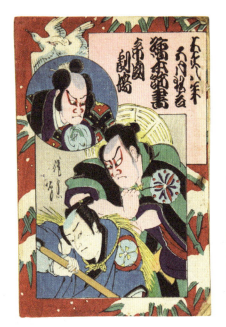

《1919年5月歌舞伎剧图画剧情概要帝国剧场》(歌舞伎和京剧的总体说明书)

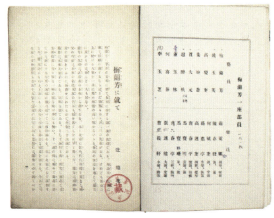

梅兰芳在东京帝国剧场公演时的京剧说明《曲本梗概》封面和内页(1919年)

大仓喜八郎之子大仓喜七郎约请梅兰芳一行赴东京近郊箱根游览时合影。前排左起：姚玉芙、沈亮超、日方人士、许伯明、梅兰芳、大仓喜七郎、郑先生，后排右一齐如山。

梅兰芳在日本

梅兰芳访日前与日方人员合影。前排左起：许伯明、齐如山、沈亮超、村田、张谬子、李释戡、吴仲言；后排左起：罗瘿公、姚玉芙、梅兰芳、胡伯平、萧紫庭（1924年）

梅兰芳赴日演出前，在北京与剧团全体人员合影（贾大元、高庆奎、茹莱卿、姚玉芙、姜妙香等）（1924年）

梅兰芳访日前在上海与冯幼伟、吴震修、赵叔雍、李叔一等出席日本领
事馆欢送会时合影（中坐者为梅兰芳）

梅兰芳访日离开北京时中日人士欢送梅兰芳。左起：东日出子、坂东秀
歌、福芝芳、日本团员、村田嘉久子、梅兰芳、守田勘弥、尚小云、
日本团员、王琴侬

梅兰芳抵达东京车站时，受到帝国剧场演员的欢迎。右起：村田嘉久子、尾上梅幸、东日出子、梅兰芳、延子（1924年）

在日本，梅兰芳与大阪广珍园主人（1924年）

梅兰芳与日本东京伶联会副会长尾上梅幸合影

梅兰芳（左四）、齐如山（左一）与日本歌舞伎演员长岛菊子（左三）、
村田嘉久子（左五）等合影

梅兰芳出席村田嘉久子等在山水楼举行的茶话会。前排右起：村田嘉久子、梅兰芳、河野、速水、福地、坂西中将、冈田。后排右起：官田、佐佐木、李先生、川口、村松梢凤、水岛尔杰布、泽田（1924年）

梅兰芳与日本歌舞伎演员中村雀右卫门

梅兰芳（前右二）与村田嘉久子（前右一）、长岛菊子（后右一）等日本歌舞伎演员合影

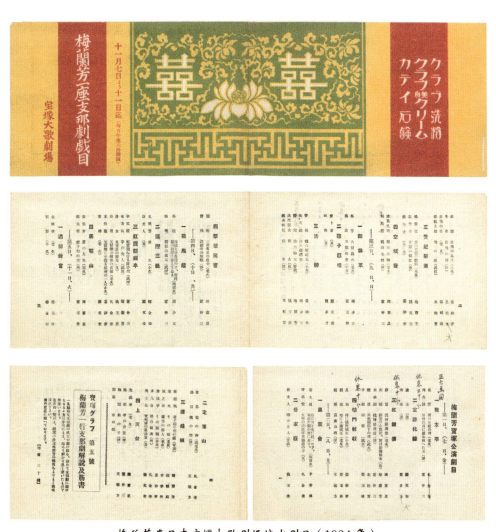

梅兰芳在日本宝塚大歌剧场演出剧目（1924年）

梅兰芳在日本演出的剧场——帝国剧场全景

梅兰芳在日本演出时的乐队（1919年）

梅兰芳演《天女散花》，饰天女

梅兰芳演《天女散花》，饰天女

梅兰芳演《贵妃醉酒》，饰杨玉环

梅兰芳演《御碑亭》，饰孟月华

《剧和电影》1924 年 8 月号内容

《剧和电影》1924 年 12 月号内容

《剧和电影》1924 年 11 月号内容

《朝日画报》内容（1924年）

《电影和舞台》月刊第一卷第四号刊登梅兰芳演出的消息（1924年）

日本吉田登志子写的《梅兰芳 1919、1924 年两次访日报告》封面

《时事新报》赠送梅兰芳的奖牌

朝仓文夫作梅兰芳铜像

美国之行

1929 年底，梅兰芳应邀赴美访问演出，齐如山和张彭春任剧团指导，全团24人，十分精干。当时正值美国经济大萧条时期，梅兰芳毅然访美，表现了极大的胆识。他先后访问了华盛顿、纽约、芝加哥、旧金山、洛杉矶、圣地亚哥、西雅图和檀香山等城市，历时半年之久。上演剧目有《贵妃醉酒》《打渔杀家》《霸王别姬》《汾河湾》《天女散花》《刺虎》《春香闹学》以及《红线盗盒》中的剑舞、《西施》中的羽舞、《麻姑献寿》中的杯盘舞、《嫦娥奔月》中的镰舞、《上元夫人》中的袖舞等舞蹈节目。他以中国戏曲艺术的巨大魅力和他个人精湛的演技，赢得了美国民众以及艺术界和学术界的热情赞扬和高度评价，获得了南加州大学和波摩那学院颁发的荣誉文学博士学位，并结识了许多文艺界知名人士，同他们建立了诚挚的友谊。这是一次向海外传播东方艺术影响极大的民间活动，不仅促进了中美两国人民之间的友谊，而且也沟通了东西方文化。

梅兰芳在美国

梅剧团访美人员名单

梅剧团访美前离开北平时在前门火车站摄（左二为梅兰芳）（1929 年 12 月 28 日）

梅兰芳（左十）访美离沪时在轮船上与欢送人员合影

梅兰芳赴美时所乘轮船由沪离开码头

梅兰芳访美时由北平乘车至天津换乘轮船，夫人福芝芳同船送行至上海，这是在轮船甲
板上的留影

梅兰芳从上海赴美国时与齐如山等人合影

梅兰芳赴美时在"加拿大皇后"号轮船上

梅兰芳在赴美的轮船上参加化妆舞会

梅兰芳赴美时，船经日本，与日本名伶守田甚弥、村田嘉久子、齐如山等合影

赴美演出时，梅兰芳（后立左二）、
张彭春（后立左三）、黄子美（左四）
与日本友人在船上合影

梅兰芳赴美演出，船经日本时与中日友人在东京
帝国剧场合影。梅兰芳（中坐者）、齐如山、井
山历太郎、川口市助、浅利龟田、冈刃有良、协
西划八郎、朱广久一

梅兰芳赴美演出时，船经日本，在东京帝国剧场，梅兰芳（前坐右二）、
张彭春（前坐左一）、黄子美（后立左一）与中日友人合影

梅兰芳赴美演出，船经日本时与中日友人合影。齐如山（后左一）、张学铭（后
左二）、梅兰芳（前坐中）、驻日公使汪荣宝、小村候爵、李择一、坂西

梅兰芳在纽约出席各界人士的欢迎宴会

梅兰芳在纽约设宴答谢各界人士

梅兰芳出席华侨欢迎会

梅兰芳游美辑存 　　　　　　　　　纽约来电

美国雕塑家恩斯特·杜立格和克洛·杜立格在为梅兰芳塑像

梅兰芳在纽约与著名戏剧家贝拉斯考合影

梅兰芳在纽约与美国著名戏剧家贝拉
斯考合影，后立者（右起）齐如山、
张彭春、黄子美

梅兰芳在纽约与著名戏剧家贝拉斯考合影

梅蘭芳游美日記
第一節：起程之前
十八年十二月十九日

梅蘭芳游美
劇團秘書
李斐叔著

天津美國大學會舉行慈善大會於天津西湖飯店主歡送梅蘭芳劇團赴美凡
期晚為請柬計數百份含日早東八時隨車抵美北
來津十二時許車抵滬北在該居索行蠔者有葉庸方張琰子胡叔當諸君下車後逕赴
嗽德飯店時週扶翰北在該居索行蠔會逕田楊豹靈君邀請加入席間英語甚
戴主席南人某令紹招先生於蠔招先生五即席致詞中輟二時許妨行致會招先生人
顧望殊感慨晚八時實廣丁張琰子三君來館均向關叻蠔會長楊豹靈君已在門首

李斐叔著《梅兰芳游美日记》手稿

欢迎梨园巨子梅兰芳大会　市长同坐
S. F. WELCOMES MEI LANG FANG ESCORT BY MAYOR ROLPH

梅兰芳在旧金山市长小卢尔夫陪同乘车出席欢迎会时，受到群众夹道欢迎的场面

梅兰芳在旧金山步入欢迎大会会场

欢迎梨园巨子梅兰芳大巡游

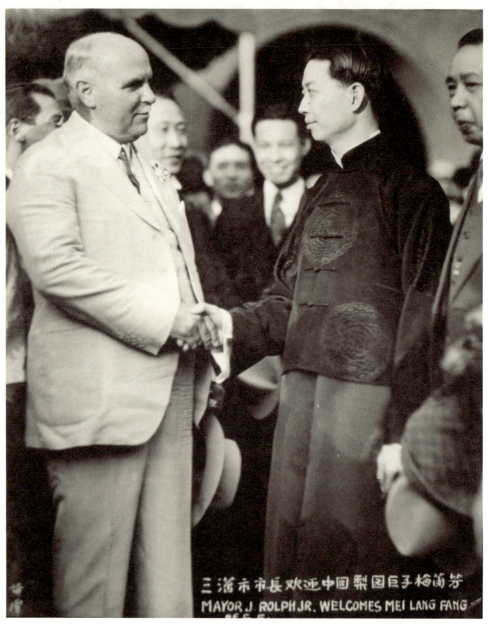

梅兰芳与旧金山市长小卢尔夫

梅兰芳受到旧金山市长小卢尔夫的欢迎

梅兰芳与旧金山市长小卢尔夫

梅兰芳（前左六）出席我国驻美使馆的欢迎会合影

梅兰芳在旧金山设宴答谢各界人士

梅兰芳在旧金山与旅美广东优界八和剧员合影

梅兰芳在三藩市出席梅氏家族欢宴时合影

梅兰芳接受美国艺术家赠送纪念品

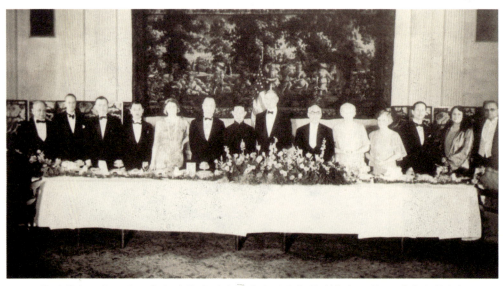

梅兰芳在洛杉矶举行宴会（梅左侧为前美国财政部长麦克杜，梅右侧为张彭春）

梅兰芳在洛杉矶与博物院负责人

梅兰芳在洛杉矶与博物院院长

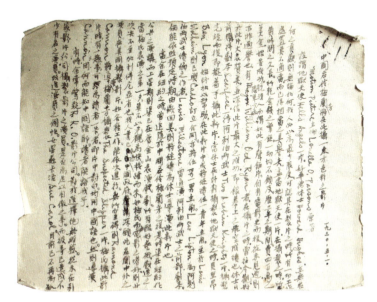

梅兰芳在美国拍摄彩色影片的手稿

梅兰芳与电影大师卓别林

梅兰芳（左四）在好莱坞与卓别林（左三）等合影

梅兰芳（左四）在好莱坞与卓别林（左二）及三大戏院经理合影

梅兰芳与美国影星碧西芳馥等合影

梅兰芳与美国影星碧西芳馥合影

梅兰芳与美国艺术界人士

梅兰芳与美国影星玛丽璧克馥

梅兰芳在位于洛杉矶的美国影星范朋克与玛丽璧克馥夫妇的别墅中游泳

梅兰芳访问美国米高梅电影公司时与美国服装设计师吉尔伯特艾德里安

梅兰芳在好莱坞参观电影制片公司与美国
演员西奥·舍尔

梅兰芳与电影名演员黛丽娥

梅兰芳与美国的戏院经理

梅兰芳博士持学位证书照

梅兰芳与美国波摩那学院院长晏文士

美国波摩那学院授予梅兰芳的荣誉文学博士证书

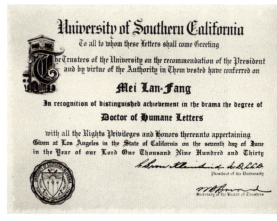

美国南加得利福尼亚学院授予梅兰芳的文学博士证书

梅兰芳（左五）在美国获波摩那学院授予荣誉文学博士学位后与院长晏文士（左四）、齐如山（左七）、司徒宽（左六）等人合影

梅兰芳参加美国波摩那学院同学会的欢迎会，与该院教授在宴会上合影

美国檀香山总督（左八）欢迎梅兰芳（左六）时合影，左十为齐如山、左四为张彭春、左五为黄子美

梅兰芳与檀香山总督

梅兰芳与美国檀香山总督夫妇

梅兰芳（左六）在招待华侨宴会上

在美国檀香山，梅兰芳（左二）、齐如山（左一）、张彭春（右一）等合影

梅兰芳与美国檀香山呼拉舞第一名家母女合影

在美国檀香山，梅兰芳、齐如山、张彭春等合影

梅兰芳参观学校与小朋友及老师合影

梅兰芳在美国与同行人员。左起：张彭春、齐如山、
黄子美、梅兰芳、杨素（翻译）

梅兰芳在美国与各界旅美华侨

梅兰芳在美国与各地歌舞演员合影（中下图）

梅兰芳与歌舞演员合影（上中图）

梅兰芳演出后呼拉舞演员上台献花

梅兰芳在檀香山留影

梅兰芳（左五）、齐如山（左二）、张彭春（左六）与华侨
合影

梅兰芳（左三）、张彭春（左一）、齐如山（左四）与华侨
合影

梅兰芳与旅美华侨合影

梅兰芳参观学校受到师生欢迎（上下图）

梅兰芳参观学校受到师生欢迎（上下图）

梅兰芳与旅美华侨合影

梅兰芳与我国驻美使领馆人员合影

梅兰芳在美国访问时，在火车站台上受到华侨欢迎

梅兰芳与华侨儿童合影

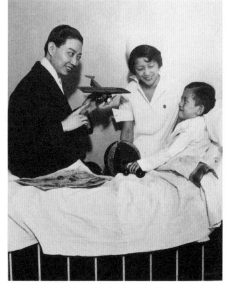

梅兰芳到医院看望住院华侨儿童

梅兰芳访问华侨住宅

梅兰芳访问华侨住宅

梅兰芳访问当地华侨梅氏公所时，受到欢迎

梅兰芳访问当地华侨梅氏公所时接受纪念品

梅兰芳出席华侨欢迎会的场面

梅兰芳与旅美华侨合影

梅兰芳出席华侨欢迎会的场面

梅兰芳出席华侨欢迎会的场面

梅兰芳出席茶话会

梅兰芳与杨秀喜、齐如山、张彭春、姚玉芙等在美国游览照

梅兰芳在美国演出的剧院

梅兰芳在美国演出的剧院

梅兰芳在美国演出的剧场入口处

梅兰芳在美国演出时的舞台装置

梅兰芳在美国纽约演出时的街头海报

梅兰芳演出《天女散花》舞台照

梅兰芳演《天女散花》，饰天女
（上下图）

梅兰芳演《虹霓关》，饰东方氏

梅兰芳表演《霸王别姬》中的剑舞

梅兰芳在美国檀香山表演剑舞

梅兰芳演《贞娥刺虎》舞台照，饰贞娥，刘连荣饰一支虎，两宫女为李斐叔、姚玉芙

梅兰芳与刘连荣演《贞娥刺虎》中刺虎一
场舞台照

梅兰芳演《贞娥刺虎》，饰贞娥

梅兰芳演《汾河湾》,饰柳迎春,王少亭饰薛仁贵(上下图)

梅兰芳演《汾河湾》,饰柳迎春

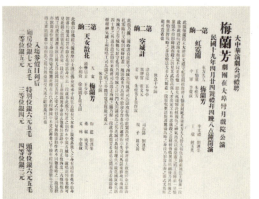
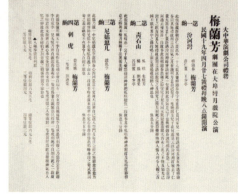

梅兰芳在旧金山演出时的戏单

梅兰芳在访美时特印制的《梅兰芳歌曲谱》书影（音乐大师刘天华首次为梅兰芳演出唱词用五线谱谱曲）

梅兰芳访美返回途中在轮船上与张彭春、李斐叔

梅兰芳访美返回途中在轮船上与张彭春、齐如山

梅兰芳访美返回途中在轮船上（上下图）

梅兰芳所乘轮船抵达码头时，在船上向欢迎人员招手

梅兰芳由美归来到达上海码头时受到群众欢迎情景

访苏旅欧

1935 年，梅兰芳应苏联对外文化协会的邀请，率团赴苏访问，张彭春和余上沅两位教授任正副艺术指导。当时苏方由于梅兰芳拒绝通过伪"满州国"前往，特派"北方号"专轮至沪迎接他直赴海参崴，然后再转乘穿越西伯利亚火车去莫斯科。在莫斯科和列宁格勒两地，梅兰芳先后演出了《打渔杀家》《虹霓关》《汾河湾》《宇宙锋》《刺虎》和《贵妃醉酒》6 剧以及《红线盗盒》《西施》《麻姑献寿》《木兰从军》《思凡》和《抗金兵》中的舞蹈部分，受到苏联人民和文艺界人士的热烈欢迎。观看梅兰芳演出的斯坦尼斯拉夫斯基、丹钦柯、梅耶荷德、爱森斯坦、泰伊洛夫、特里杰亚考夫与德国的皮斯卡托和布莱希特等艺术大师和戏剧家，高度赞扬中国戏曲艺术和梅兰芳卓越的表演。访苏期间，梅兰芳以篆书写下"沟通文化，促进邦交"的题词赠给苏方留念。面对当时日寇霸占东北的严峻局势，加强与邻国苏联的友好往来实属必要，梅兰芳毅然担当了促进邦交的民间使者的重任。

梅兰芳在苏联

《梅兰芳游俄记》手稿

梅兰芳抵海参崴时，我国驻该地领事权世恩举行宴会合影

梅兰芳抵莫斯科时在车站接受献花，同行的有张彭春、余上沅等

梅兰芳抵苏时在车站受到苏方代表欢迎

梅兰芳抵达莫斯科时受到苏方代表的欢迎

梅兰芳与苏方代表合影。左起（第一排）：东方外交部东方司副司长包罗弗爱、中国大使馆代办吴南如、梅兰芳、鄂山荫秘书铁捷可夫。（第二排）：文化会副会长邱尼亚夫斯基、林德夫人、文化会东方部主任

梅兰芳与苏联艺术大师斯坦尼斯拉夫斯基

梅兰芳与苏联戏剧家梅耶荷德

梅兰芳与爱森斯坦、铁提可夫、泰伊洛夫等合影

梅兰芳与苏联美丽剧院院长泰伊洛夫交谈

梅兰芳与苏联电影导演爱森斯坦及戏剧家梅耶荷德

梅兰芳与文化会人员合影

梅兰芳与苏联著名电影导演铁提可夫等在座谈会上合影

梅兰芳在苏联拍电影时与张彭春、余上元、苏联导演爱森斯坦及剧作家特里杰亚考夫等合影

梅兰芳与我国驻苏大使颜惠庆及苏联导演爱森斯坦、道其可夫、施尼代洛夫、实验剧院院长阿罗可夫等合影

梅兰芳访苏时观看瓦赫坦戈演出的《杜兰朵》后，与剧组人员相聚的愉快场面（右二为瓦赫坦戈夫人，右六为英国戏剧家戈登·克雷）

梅兰芳与苏联第一艺术剧院经理及该剧院演员合影

梅兰芳在苏联拍电影时与张彭春、爱森斯坦、特列杰亚科夫、余上沅
合影

梅兰芳在苏联拍电影时与张彭春、余上沅、爱森斯坦、特里杰亚科夫等合影

梅兰芳在苏联拍电影时与特列杰亚科夫、张彭春、余上沅、爱森斯坦合影

梅兰芳在苏联拍电影时与特列杰亚科夫、爱森斯坦等合影

梅兰芳与苏联戏剧家梅耶荷德及学员瑞阿区女士、鲍高洛夫、科西可夫等合影

梅兰芳出席苏联对外文化协会午宴时讲话，旁坐者为我驻苏代表吴南如夫人

梅兰芳在苏联莫斯科和列宁格勒两地的艺术家俱乐部讲话时留影

梅兰芳在招待会上清唱

梅兰芳在苏联出席文化会招待会

梅兰芳（左一）与我国驻苏大使颜惠庆（左三）
和苏联对外文化协会会长阿洛塞夫合影

梅兰芳与苏联戏剧家梅耶荷德等合影

梅兰芳在瓦格坦果夫剧院观看《人间喜剧》时与名演员西门恼夫

梅兰芳在瓦格坦果夫剧院观看《人间喜剧》时与演员们合影

梅兰芳与苏联戏剧家梅耶荷德、余上沅、张彭春等一起交谈

梅兰芳在莫斯科向列宁墓献花圈

梅兰芳与梅剧团成员同苏联文艺界人士爱森斯坦、特里杰亚夫等人合影

梅兰芳（左一）在苏联与我国电影明星胡蝶（中）相遇时合影，余玉清（右一）

梅兰芳在莫斯科演出时的海报

梅兰芳在莫斯科演出时的海报

梅兰芳在莫斯科演出时，剧场门前观众涌跃入场

五十萬人渴望觀劇

梅蘭芳今日起在俄京公演

劇票於十日前銷空盛況可知

列寧格勒表演後再來莫斯科

庚年三月十三日時事新報

中央莫斯科廿二日電、今日下午梅蘭芳在音樂廳舉行試演、蘇聯戲劇界到會者座寫之滿、首由蘇聯文化協會藝術部長邱蘭斯其介紹梅彭春教授演說、中國劇團來俄之目的、次由梅氏表演汾河灣、費貞娥刺虎、及紅綫盜盒三劇、其他演員亦表演兩劇、觀衆熱烈鼓掌表示歡迎、明日首次公演戲目、與今日預演者相同、梅劇團在莫斯科列寧格勒兩地表演戲票、已於十日前銷售一空、蘇聯文化協會會長阿羅西夫內此請梅氏於列寧格勒表演後、再來莫斯科表演、據文化協會估計、即足有五十萬人渴望觀劇云。

《时事新报》刊登梅兰芳在莫斯科公演的消息

苏联剧场门前

苏联剧场舞台及观众席

梅兰芳演《虹霓关》（头本），饰东方氏

梅兰芳演《宇宙锋》饰赵艳容,同台的有刘连荣、王少亭等(上中下图)

梅兰芳演《虹霓关》饰东方氏，同台为朱桂芳（右）

梅兰芳在苏联拍摄《虹霓关》电影片断，导演为爱森斯坦（中）

梅兰芳在招待会上表演"剑舞"

梅兰芳演《打渔杀家》，饰萧桂英，王少亭饰萧恩

《打渔杀家》，梅兰芳饰萧桂英

梅兰芳在苏联演出时在舞台上留影

梅兰芳剧团出国演出证

梅兰芳1935年访问苏联时，赠给
苏联对外文化协会的题词

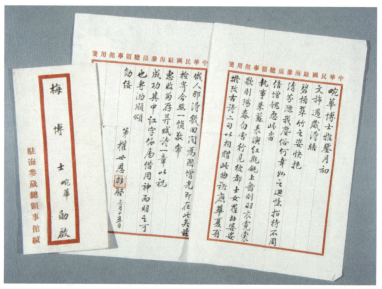

梅兰芳访苏后，我国驻海参崴领事权世恩致梅兰芳的信件，盛赞在苏
演出成功

梅兰芳在华沙出席驻波公使宴会时合影（1935年）

在欧洲，梅兰芳（宴会桌右四）、余上沅（左后二）、刘崇杰（左前三）等

在德国，梅兰芳与国家戏院名优、刘崇杰夫人、驻德公使刘崇杰、国家戏院导演合影

梅兰芳在日内瓦与余上沅及旅馆人员合影

梅兰芳在欧洲留影

梅兰芳在日内瓦与余上沅合影

梅兰芳在欧洲留影

梅兰芳在欧洲一火车站与余上沅、吴邦本及接待人士合影

梅兰芳在欧洲与友人合影

梅兰芳在欧洲与友人合影

梅兰芳在伦敦与美国黑人歌唱家罗伯逊（左一）、黄柳霜（左二）、熊式一（左四）、
余上沅（右一）等合影

梅兰芳（左二）在伦敦与熊式一（左一）、黄柳霜（左三）、余上沅（左四）合影

梅兰芳与友人在欧洲

梅兰芳在欧洲留影

梅兰芳在欧洲留影

在欧洲旅行时合影。前一排左起：林德良、吴闻天、曾炯之、蒋廷黻、余上沅、朱子清、郑先生。
二排左起：张肖松、邱伟真、伦次珊、郑雷致、小孩顾达夫、顾陈士华、外国妇女、陆传纹、
郎焦学姗、江周菁柏。三排左起：萧瑞勋、刘恩职、冯宣、杨先生、梁瑞寅、林时清、郭翘
野、黄锦昌、王锋露。后站立：冯锡库、周生、吴国原、黄文彬、王修家、吴作人、李启颐、
郎奎第、尹光宇、张枚新、邓鄂、何新文、曾匪石、王超、俱莺、林继庸、杨武之、陆先生，
倒二排右一为梅兰芳

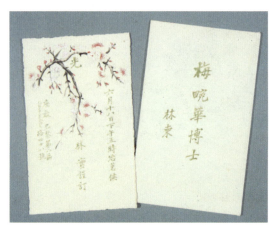

梅兰芳旅法时巴黎一位华侨的邀请贴

率团访日

　　梅兰芳第三次访日，是在新中国成立后的 1956 年。应日本《朝日新闻》等团体的邀请，在周总理的直接关心和帮助下，梅兰芳率领 86 人的中国京剧代表团到日本各地演出。梅兰芳任总团长，欧阳予倩任副总团长，团员中有李少春、姜妙香、李和曾、侯玉兰、袁世海、梅葆玥、梅葆玖等著名演员。这是梅兰芳历次率团出国演出中，阵容最齐整和规模最大的一次。这次演出了《贵妃醉酒》《霸王别姬》《奇双会》等名剧，不仅轰动了日本，还吸引了来自各国的观众。这次在日本的广泛演出，受到市川猿之助、松尾国三、千田是也等日本文艺界著名人物的大力支持，梅兰芳与他们建立了友谊，并欢欣地与前两次访日认识的老朋友重逢话旧。日本国会破例招待了梅兰芳和主要演职员，这是很少见的极高礼遇。1956 年中日两国尚未建交，梅兰芳率中国京剧代表团访问日本，进一步打开了两国文化交流的大门，增进了两国人民的了解，为两国关系正常化做出了一定贡献。

梅兰芳率中国京剧代表团访问日本，与副团长欧阳予倩（前排左二）等抵达东京羽田机场时留影

梅兰芳率中国京剧代表团抵达东京羽田机场

梅兰芳在机场受到日本文化交流协会会长片山哲（右）的欢迎

中国访日京剧团代表团在机场受到欢迎的场面

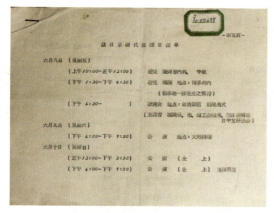

中国访日京剧代表团行程

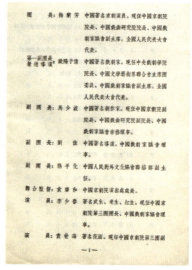

中国访日京剧团代表团名单

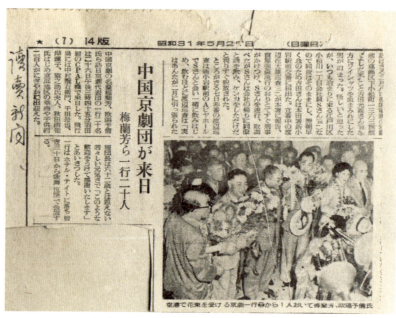

日本《读卖新闻》报刊登中国京剧团访日新闻

日本歌舞伎演员市川猿之助主办欢迎会，欢迎代表团成员

日本著名歌舞伎演员市川猿之助在寓所招待梅兰芳等并当场表演日本古典舞《浦岛》中的钓鱼身段助兴

梅兰芳在明治座舞台观摩《室町御所》后向市川猿之助献花。（右二为梅葆玥）

梅兰芳访问朝日新闻东京总社

梅兰芳访问日本朝日新闻社与村山会长交谈

梅兰芳在东京举行的欢迎会上讲话

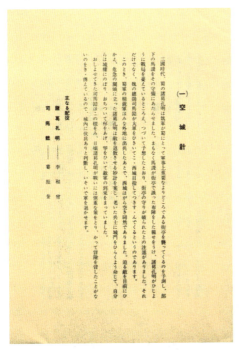

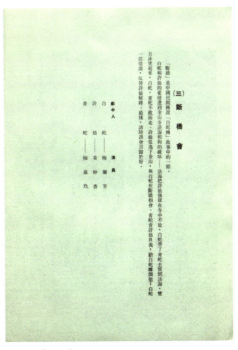

中国访日京剧代表团演出节目单

报载中国访日京剧团在日本的活动

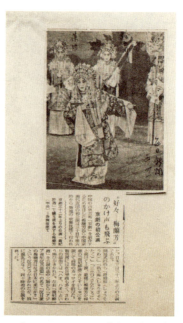

日本五月三十一日《每日新闻》刊登中国访日京剧团演出成功消息

市川猿之助在东京歌舞伎座为梅兰芳献花

中国访日京剧代表团访问日本议事堂（国会）

梅兰芳与欧阳予倩参观早稻田大学演剧博物馆，馆长河竹繁俊博士接待

八幡体育场现场演出盛况

六月十六日香港《大公报》刊登中国访日京剧代表团在日本八幡市演出的盛况

九洲华侨商会举办欢迎会并赠送锦旗

梅兰芳在日本大阪欢迎会上讲话

六月十五日日本《朝日新闻》刊登中国
访日京剧代表在大阪的活动

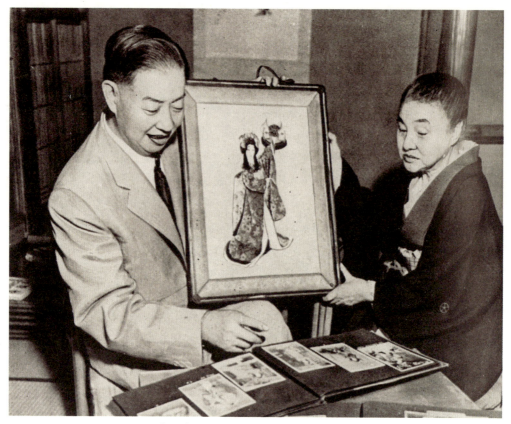

中村雀右卫门夫人赠送押绘给梅兰芳

在中村雀右卫门夫人家中看她所藏中村雀右卫门先生的剧照和剧本

中村雀右卫门夫人赠送梅兰芳的押绘

梅兰芳浏览奈良

梅兰芳在日本京都岚山游览

梅兰芳在浏览京都岚山时见到了老友今井泰藏的女儿京子

梅兰芳在名古屋市观看舞蹈演出

梅兰芳在爱知县与欧阳予倩参观美术史展览

神户新闻会馆欢迎会

梅兰芳与欧阳予倩在欢迎会上和日本戏剧界人士互赠礼品

梅兰芳在日本福冈县欢迎会上致词

中村颀右卫门赠送梅兰芳礼品

梅兰芳率团为日本举行义演时东京国际剧场外景

梅兰芳演《贵妃醉酒》，饰杨玉环

梅兰芳演《贵妃醉酒》，饰杨玉环

中国京剧代表团在歌舞伎座演出闭幕式

中国京剧代表团在歌舞伎座演出闭幕式

报载梅兰芳率领的中国京剧代表团在日最
后演出消息

七月十四日《人民日报》刊登中国访日京
剧代表团举行义演活动的消息

梅兰芳在日本与围棋名家吴清源

梅兰芳与欧阳予倩访问松尾国三先生

梅兰芳访问松尾国三先生夫人

梅兰芳与代表团成员在松尾国三先生住宅

在帝国饭店话别酒会上野坂参三与梅兰芳合影

梅兰芳、欧阳予倩、马少波等在日本东京羽田机场启程回国

日本朝日新闻社出版梅兰芳撰写的《东游记》（日译本）封面

中国访日京剧代表团纪念章

梅兰芳在东京歌舞伎座演出的门票

　　1952 年 12 月，梅兰芳参加在维也纳召开的世界和平大会后，第二次访问苏联，在莫斯科、列宁格勒等地演出了《思凡》《霸王别姬》。

　　1960 年 2 月，梅兰芳参加庆祝中苏友好同盟条约签订 10 周年，他第三次访问苏联，这次虽然没有演出，但他又把中国人民的伟大友谊带给了苏联人民。

梅兰芳出席在维也纳举行的世界人民和平代表大会时（第三排正中间）留影（1952年）

世界人民和平大会代表证

梅兰芳与宋庆龄、郭沫若、常香玉出席苏联对外文化协会举行的招待会

梅兰芳在苏联参加庆祝中苏友好同盟互助签订条约 10 周年大会时讲话

赴朝慰问

1953年7月27日，朝鲜、中国、美国签定朝鲜战争停战协定。10月4日，中国政府派出了赴朝鲜慰问团。这是自朝鲜战争以来中国政府第三次派出慰问团。贺龙为团长，著名京剧表演艺术大师梅兰芳担任副团长，担任副团长的还有很多知名人士，慰问团共5448人，包括全国各方面代表和40个剧团、歌舞团、技艺团。全体人员自10月21日入朝，12月底陆续回国。

慰问团到达平壤后，在地下剧场为朝鲜政府干部演出，梅兰芳演出了《霸王别姬》。演出后，金日成对梅兰芳说："我听见你的名字有好多年了，这次才看到你的表演，想不到你那么年轻。"同行的吴祖光对朝鲜观众介绍说："60岁的梅兰芳演16岁的桂英（《打渔杀家》女主角）。"

有一次下部队演出，突然刮起大风，天气骤冷，又下起了雨。这时，梅兰芳、马连良和演员们已化好妆，穿着单薄的戏装，坐在用芦席搭的后台棚子里候场。这样的天气对年已60的梅兰芳尤其对他的嗓子尤为不利，志愿军空军司令员聂凤智决定停止演出。但全场战士守在雨中不肯走，他们要求见梅兰芳一面，对他们讲几句话。梅兰芳说："只讲几句话，太对不住志愿军同志们了，我们给大家清唱几段吧！"梅兰芳和马连良唱了《打渔杀家》中的几段对唱。2万多志愿军战士端坐雨中一动不动，每唱一句，或是过门音乐，都会爆发出热烈的掌声。

梅兰芳一行还到开城为刚遣返归来的志愿军战俘做了慰问演出。梅兰芳演出了《贵妃醉酒》，大师精湛的表演抚慰了志愿军战俘们受伤的心。

梅兰芳与一级战斗英雄王海合影

梅兰芳参加中国人民赴朝慰问团

梅兰芳接受志愿军女功臣献花的场面（1953 年）

梅兰芳、周信芳、程砚秋、马连良等在朝鲜与志愿军官兵合影